NATIONAL
GEOGRAPHIC

D0503585

En el
menú

EDICIÓN PATHFINDER

Por Susan E. Goodman

CONTENIDO

¿Qué es esto? *Un dragón de mar parece un trozo de alga marina. Esto le permite ocultarse de peces que podrían comérselo.*

2

En el menú

Por Susan E. Goodman

¿Son algas marinas? Fíjate mejor. El disfraz del dragón de mar le ayuda a evitar ser un platillo más en el menú de otro pez. Es uno de los tantos trucos que usan los animales para poder sobrevivir.

Maestros del disfraz

Con el tiempo, los animales han desarrollado muchas estrategias para protegerse de los depredadores. Un **depredador** es un animal que caza y come otros animales. Una de las mejores maneras de mantenerse vivo es escondiéndose.

Algunos animales se ocultan pareciéndose a los lugares donde viven. Para ver cómo funciona, observemos al dragón marino foliado. Tal vez nunca hayas escuchado de esta criatura marina, pero es un maestro del disfraz.

El dragón de mar está cubierto de una piel que se parece a las hojas. Su piel lo ayuda a parecerse a un trozo de alga marina. Un carnívoro hambriento se mantendrá alejado de cualquier cosa que se parezca a un alga marina.

La piel en forma de hojas es solo parte del disfraz del dragón de mar. Sus aletas son la otra parte. Son pequeñas. Suavemente impulsan al dragón por el agua. Por lo tanto, parece flotar, al igual que un alga marina.

El hocico del dragón de mar completa su disfraz. El hocico parece otro tallo más del alga marina. ¡Hasta tiene "hojitas" en la punta! En realidad es un tubo que funciona como un popote. Ese hocico es ideal para sorber la comida favorita del dragón: piojos marinos. ¡Qué rico!

¡Exhibicionistas!

El dragón marino foliado se esconde para estar a salvo. Otros animales se mantienen a salvo exhibiendo sus colores. Quieren que otros animales los vean.

Los científicos llaman **colores de advertencia** a estos colores brillantes. Los colores advierten a los **depredadores** que no deben acercarse.

Es probable que hayas visto animales que tienen colores de advertencia. Piensa, por ejemplo, en todos esos insectos que zumban a tu alrededor los días calurosos. Cuando uno vuela cerca de ti, es probable que intentes darle un manotazo para espantarlo. Pero, ¿qué pasa cuando un insecto amarillo vuela cerca de tu cara? ¿Le das un manotazo? ¿O das un salto para alejarte?

Lo adivinaste. El amarillo es un color de advertencia. Te dice que ese insecto molesto puede ser un abejorro o una avispa amarilla. No te conviene inquietar a esos insectos.

Algunos saltamontes hacen alarde de sus brillantes colores. Unos pocos son incluso rojos y azules. Esos colores no solo se ven sofisticados. Advierten a los depredadores que no se acerquen.

Claro que los depredadores hambrientos a veces no hacen caso a las advertencias. Igual, insisten en cazar a los saltamontes. Si eso pasa, el saltamontes tiene una defensa más eficaz. Produce mucha espuma. La espuma sabe tan mal que el depredador se da por vencido.

A rodar, rodar y rodar...

❶ Luego de detectar a un depredador, lo primero que hace un armadillo es tratar de escapar. Si no funciona, el armadillo se detiene.

❷ Entonces empieza a enrollarse como si fuera una pelota. Mete la cabeza y las patas dentro de su caparazón.

Enrollándose

El color no ofrece suficiente protección para algunos animales. Tienen otras defensas que los ayudan a sobrevivir en la naturaleza.

El armadillo necesita todas las defensas posibles. Mide apenas dos pies de largo y pesa 15 libras. Tiene dientes pequeños. Por consiguiente, no puede ni siquiera morder para protegerse.

En cambio, el armadillo tiene un caparazón con armadura. La armadura está compuesta de placas óseas. Su armadura lo protege de golpes y magulladuras. La armadura también hace más difícil que un depredador se lo coma.

Sin embargo, el armadillo no solo depende de su armadura. Tiene un par de trucos más. Cuando un armadillo detecta a un depredador, lo primero que intenta es escaparse. Un armadillo asustado se lanza velozmente hacia la seguridad de su madriguera. Una madriguera es un hogar subterráneo.

Pero ese es solo el comienzo. Si un armadillo no puede escaparse, se esconde en su caparazón. Primero mete sus piernas y orejas hacia adentro. Después se enrolla dentro de su caparazón. Se convierte en una pelota viviente. Es como un arrollado de animal.

La mayoría de los cazadores hambrientos no tienen idea de cómo comer un armadillo enrollado. Pueden pincharlo o golpearlo. Pueden darle vueltas al rollito. Pero no saben dónde morder para comérselo.

Perdiéndose en el entorno

Muchos animales usan colores para hacer juego con el lugar donde viven. Esto se llama **camuflaje**. Algunos hasta cambian de color según la estación del año.

La liebre americana tiene pelaje color marrón óxido durante el verano. Se integra con los colores del campo. En el otoño, la liebre pierde su pelaje marrón. Le crece un pelaje grueso color blanco. El nuevo pelaje hace juego con la nieve del invierno. También le ayuda a mantenerse calentita.

Finalmente el armadillo junta su beza y su cola. Ahora el caparazón bre todo el cuerpo del animal.

4 Una vez que se enrolla completamente formando una pelota, el armadillo está seguro. Los depredadores ya no saben dónde morder para comérselo.

Lagarto mentiroso

Al igual que el armadillo, el lagarto de gorguera intenta escapar cuando detecta a un depredador. Velozmente, se sube a un árbol. O salta con sus patas traseras y huye de prisa por el bosque. Pero eso no siempre funciona.

A veces el lagarto no logra escaparse. Cuando eso sucede, trata de engañar al depredador para no convertirse en su próximo bocadillo. Finge ser más grande de lo que realmente es. También actúa con ferocidad.

El lagarto abre su hocico tanto como puede. La piel que rodea su cuello se abre como un paraguas. El lagarto silba y da latigazos con su larga cola. Esto lo hace parecer más grande y más temible de lo que normalmente es.

Estas tácticas suelen funcionar. Asustan y ahuyentan a algunos depredadores. Puede que otros cazadores hambrientos no se sientan intimidados. Pero igual se van a buscar otro bocadillo. Muy pocos animales quieren meterse con esta loca criatura.

De una forma u otra, el lagarto gana. Logra sobrevivir para comerse su propia cena de insectos y arañas deliciosas.

La seguridad del cardumen

Muchos peces viven en grupos o **cardúmenes.** Esto se debe a la seguridad que brinda formar parte de una multitud.

A la primera señal de peligro, los cardúmenes de peces nadan tan juntos como pueden. Entonces, el cardumen da muchos giros y vueltas. Con todo ese movimiento, se le hace difícil al depredador atrapar a un solo pez. Muchos otros animales también logran mantenerse a salvo moviéndose en grupo. Los depredadores no pueden distinguir a un individuo dentro de un grupo grande.

Defensas comunes

Estas son solamente algunas de las muchas estrategias que usan los animales para escapar de los depredadores. También tienen otras defensas.

Mira a tu alrededor. Los gatos arquean sus lomos para verse más grandes y atemorizantes. Los saltamontes verdes se mimetizan con el color del pasto. Las garras y los dientes ayudan a los animales a luchar.

Estas **adaptaciones**, o atributos prácticos, difieren mucho. Pero comparten un mismo objetivo. Logran evitar que los animales se conviertan en parte del menú del día.

El lagarto de gorguera parece inofensivo la mayor parte del tiempo.

Cuando un depredador se acerca, el lagarto extiende la piel que rodea su cuello. Intenta así espantar y ahuyentar al depredador.

Antes

Después

¿Manjar marino? *Todos esos peces juntos son un bocadillo fácil para este tiburón, ¿no? Te equivocas. Al nadar en cardúmenes, los peces se defienden de los depredadores.*

Vocabulario

adaptación: parte del cuerpo o comportamiento que ayuda a un animal a sobrevivir

camuflaje: habilidad de mimetizarse con el entorno.

cardumen: grupo grande de peces

colores de advertencia: tonos brillantes que advierten a los depredadores que no se acerquen.

depredador: animal que come animales

Cocodrilo

Trucos que engañan al ojo

Víbora de la muerte

El camuflaje ayuda a los animales a esconderse de los hambrientos depredadores. ¿Sabías que también ayuda a los depredadores a ocultarse de su presa?

¿Por qué necesitarían esconderse los depredadores? A veces necesitan ayuda para encontrar y atrapar la cena.

Algunos depredadores son terriblemente lentos. No pueden correr tan rápido como su presa. El camuflaje les permite acercarse sigilosamente y a su propio ritmo.

Otros depredadores son rápidos, pero solapados. Una astuta coloración los ayuda pasar desapercibidos. Esperan al acecho hasta que pase la comida. ¡Sorpresa! El depredador rápidamente atrapa a su presa.

Tropezón contra un tronco

El cocodrilo es un depredador que usa camuflaje. ¿Has notado alguna vez la forma de la cabeza del cocodrilo o la textura de su piel? Esas características lo ayudan a atrapar comida.

Un cocodrilo puede permanecer debajo del agua durante horas. Se queda completamente inmóvil en un río o lago. Tan solo sus ojos y fosas nasales se muestran por encima de la superficie. Observa a su alrededor. Busca comida.

La piel del cocodrilo es áspera y rugosa. En aguas turbias, parece un tronco flotante, salvo que este tronco puede morder. Cuando un animal se acerca, el cocodrilo salta hacia adelante y atrapa a su presa.

Bocadillo engañoso

Las víboras de la muerte son serpientes muy engañosas. Al igual que los cocodrilos, recurren a trucos para espantar a su alimento.

La coloración de una víbora de la muerte hace que sea difícil distinguirla. La víbora es mayormente color marrón. Al yacer sobre el suelo color marrón, se confunde con él. Las víboras de la muerte adoran andar por debajo de las hojas y el pasto; lo que dificulta aún más poder verlas.

Pero hay una cosa que las víboras de la muerte dejan bien visible. Su cola. ¿Por qué lo hacen? Es simple. La punta de su cola parece un gusano. Cuando un animal pequeño se acerca a atraparlo: ¡Pum! La víbora ataca y el depredador se convierte en presa.

Adaptaciones asombro

Los animales se adaptan fácilmente para protegerse de sus depredadores. Algunos tienen colores que se fusionan con el lugar donde habitan. Otros tienen formas que hacen que sea difícil verlos. Mira las fotos. ¿Qué adaptaciones asombrosas puedes descubrir?

Liebre americana

Serpiente

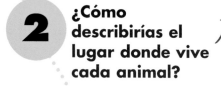

1 ¿Dónde están los animales en cada imagen?

2 ¿Cómo describirías el lugar donde vive cada animal?

3 ¿Por qué es difícil encontrar a los animales?

4 ¿Cómo describirías el color y la forma de cada animal?

5 ¿De qué manera el color y la forma de cada animal lo ayudan a sobrevivir?

S

Insectos

Lagartija

Araña

Rana arbórea

Adaptaciones

Responde las siguientes preguntas para saborear lo que has aprendido.

1 ¿De qué maneras se mantienen a salvo los animales?

2 ¿Por qué un depredador evita acercarse a un animal de colores brillantes?

3 ¿Qué hacen algunos animales para tratar de asustar a sus depredadores?

4 ¿Por qué es útil el camuflaje no solo para las presas sino también para los depredadores?

5 ¿Por qué son importantes las adaptaciones para la supervivencia de un animal?